CHEFKOCH

EUROPAS GRÖSSTE FOOD-COMMUNITY: **20 MILLIONEN USER WISSEN, WAS SCHMECKT**

Winterküche

DAS BESTE VOM CHEFKOCH-MAGAZIN

Impressum

Math. Lempertz GmbH
Hauptstraße 354
53639 Königswinter
Tel.: 02223 / 90 00 36
Fax: 02223 / 90 00 38
info@edition-lempertz.de
www.edition-lempertz.de

Lektorat: Math. Lempertz GmbH
Layout/Satz: Hilga Pauli
Umschlag: Christine Mertens
Gesamtproduktion: P&B Print, Lettland
ISBN: 978-3-96058-452-0

MIX
Paper from responsible sources
FSC® C084698
www.fsc.org

Foodfotos:
Umschlag Vorderseite: Gottwald, Jorma
Umschlag Rückseite:
Fotos (v.l.n.r.): Gottwald, Jorma, Neckermann, Thomas

Fotos: Blum, Celia/Blueberry Food Studios: S. 22, 86, 104, 110, 116
Büttner, Sabine: S. 10
Gorenc, Denise/Blueberry Food Studios: S. 40, 46, 94, 96, 112, 118
Gottwald, Jorma: S. 8, 14, 24, 30, 42, 44, 50, 54, 56, 62, 64, 66, 80, 98, 102
Neckermann, Thomas: S. 12, 16, 26, 28, 32, 34, 36, 38, 48, 52, 58, 70, 72, 78, 84, 88, 90, 100, 106, 114
Schröder, Bruno/Blueberry Food Studios: S. 6, 7, 20, 60, 68, 76, 92, 108
Westermann+Buroh Studios: S. 18, 74, 82

Stylisten:
Blum, Celia/Blueberry Food Studios; de la Fuenta, Isabel; Gorenc, Denise/Blueberry Foods Studios; Heinatz, Katrin; Mähler, Christine; Rathjen, Katja; Rehbock, Anka; Schenk, Dörthe; Schröder, Bruno/Blueberry Food Studios; Stüber, Meike

Foodstylisten:
Büngener, Jürgen; Frenzel, Raik/Blueberry Food Studios; Geiselmann, Roland; Grossmann, Lukas; Haas, Tobias/Blueberry Food Studios; Heidegger, Marion; Junghanß, Elisa; Köster, Hege Marie; Kuttner, Eva; Lucas, Anne; Luck, Julia; Menge, Kay-Henner; Otto, Julia/Blueberry Food Studios; Pio; Seefried, Philipp/Blueberry Food Studios; Stut, Marcel; Swoboda, Marion; Trenkle, Sarah; Wolken, Michele

CHEFKOCH

EUROPAS GRÖSSTE FOOD-COMMUNITY: **20 MILLIONEN USER WISSEN, WAS SCHMECKT**

Winterküche

DAS BESTE VOM CHEFKOCH-MAGAZIN

Inhaltsverzeichnis

Vorspeisen

Suppen

Hauptgerichte mit Fleisch

Hauptgerichte mit Fisch-/Meeresfrüchten

Vegetarische Hauptgerichte

Nachspeisen

Gebäck

Liebe Leserinnen und Leser,

die kalte Jahreszeit ist endlich wieder da, also genau der richtige Zeitpunkt, um sich den heißen Trends der wunderbaren Winterküche zu widmen. Es müssen nicht jedes Jahr dieselben Klassiker sein, denn diese Saison hat viel mehr zu bieten als Gans und Dominosteine! Wie wäre es denn mal mit einem bunten Quinoa-Wintersalat oder kleinen Spinat-Gorgonzola-Quiches als Vorspeise? Um warm zu werden, darf es natürlich auch eine scharfe Bananensuppe oder eine fruchtige Karotten-Ingwer-Kokos-Suppe sein. Die Fleischliebhaber unter Ihnen würden wohl einiges für die guten alten Rinderrouladen als Hauptgericht geben, aber auch die Entenpfanne mit Papaya ist definitiv eine Versuchung. Oder überraschen Sie Ihre Gäste doch einfach mit Kuchen als Hauptgang und servieren Shrimpsküchlein mit Mais. Als fleischlose Alternative bietet sich die vegetarische Festtagsrolle an. Und wenn wir mal ehrlich sind, was wäre der Winter schon ohne köstlichen Kuchen oder knuspriges Gebäck? Die Weihnachts-Punsch-Schoko-Torte passt genauso zur Winterzeit wie die Feuerzangenbowle. Zum gemeinsamen Filmabend bieten sich aber auch Marzipan-Plätzchen zum Knabbern an. Und für alle Chocoholics ist der Death-by-Chocolate-Pudding eine absolute Empfehlung. Wer es lieber etwas leichter mag, für den ist das Mandarinen-Mousse ein Muss.

Erwärmen Sie an den kühlen Tagen die Herzen Ihrer Familie und Freunde und verwöhnen Sie Ihre Liebsten mit unserer wunderbaren Winterküche!

Besonders zur geselligen Winterzeit verdient jeder nur das Beste, und deshalb haben wir für Sie auch nur die besten Rezepte in diesem Buch gesammelt. Hobbyköchinnen und -köche haben ihre Lieblingsrezepte auf der Plattform Chefkoch.de hochgeladen. Die beliebtesten Rezepte wurden von der Chefkoch-Redaktion nachgekocht, für köstlich befunden, mit weiteren Tipps verfeinert und professionell im Fotostudio in Szene gesetzt – so sind sie dann schließlich im Chefkoch-Print-Magazin gelandet. Und aus diesen Rezepten haben wir für Sie unsere Highlights rausgesucht, denn uns schmecken sie einfach hervorragend – und Ihnen hoffentlich auch!

Also nichts wie ran an die wundervollen Winter-Rezepte und guten Appetit!

Wünscht Ihr CHEFKOCH-Team

Vorspeisen

Radieschensalat mit Räucherfisch

Feldsalat mit Granatapfel und Ziegenkäse im Speckmantel

Rote-Bete-Carpaccio mit Feldsalat und Ziegenkäse

Bunter Quinoa-Wintersalat

Chicoréesalat mit Nüssen und Rosinen

Kleine Spinat-Gorgonzola-Quiches

Salat aus gerösteten Süßkartoffeln und Walnüssen mit frischer Minze

Zwiebelkuchen in der Muffinform

CARAMELLA55: „Ich habe den Salat auf Rucola angerichtet und mit gehackten Radieschenblättern bestreut."

Radieschensalat mit Räucherfisch ★★★★½

Pro Portion | 494 KCAL

ZUTATEN (2 Portionen)

250 g weiße Champignons
150 g Radieschen
1 rote Zwiebel
1 Bund Schnittlauch
2 El heller Aceto Balsamico
2 El Olivenöl
2 Tl Senf
2 El Brühe
2 El Vollmilchjoghurt
1 Prise Paprikapulver
Salz, Pfeffer
4 geräucherte Fischfilets (**300 g**, z. B. Forelle)
2 Handvoll Kresse
evtl. 3-Pfeffer-Mischung aus der Mühle

1. **Champignons** und **Radieschen** putzen und in dünne Scheiben schneiden. **Zwiebel** hacken und **Schnittlauch** in Röllchen schneiden. Alles in eine Schüssel geben.

2. **Essig**, **Olivenöl**, **Senf**, **Brühe** und **Joghurt** verquirlen. Mit **Paprika**, **Salz** und **Pfeffer** würzen. Zum Radieschensalat geben, gut untermischen, ca. 15 Min. ziehen lassen.

3. Salat auf zwei Teller geben. **Fischfilets** zerteilen und darauflegen. Mit **Kresse** bestreut servieren. Nach Belieben etwas **3-Pfeffer-Mischung** grob über den Salat mahlen.

Tipp

Fette Eiweißbeute! Zum Räuchern werden sehr fettreiche Fische verwendet, die enthalten aber gleichzeitig auch mehr gesunde Omega-3-Fettsäuren. Beim Räuchern verliert Fisch Wasser. Vitamine gehen aber kaum verloren, so steigt der prozentuale Anteil an Nährstoffen.

NORMAL
20 Min.

Feldsalat mit Granatapfel und Ziegenkäse im Speckmantel ★★★★★

Pro Portion 590 KCAL

ZUTATEN (4 Portionen)

100 g Cashewkerne
3 El Zucker
150 g Feldsalat
1 Granatapfel
2 El Kapern (Glas)
4 Ziegenkäsetaler
4 Scheiben Bacon
2 El Öl

Für das Dressing

2 El heller Aceto balsamico
1 Tl Honig
1 Tl mittelscharfer Senf
Salz, Pfeffer
2 El Sonnenblumenöl

1. Eine Pfanne ohne Fett erhitzen, **Cashewkerne** darin hellbraun rösten. **Zucker** über die **Cashews** streuen und kurz karamellisieren lassen. Aus der Pfanne nehmen und auf Backpapier abkühlen lassen.

2. **Feldsalat** waschen und putzen. **Feldsalat** auf Tellern verteilen. **Granatapfel** halbieren, mit den Schnittflächen über eine Schüssel halten, Kerne mit einem Kochlöffel herausklopfen (oder mit dem Löffel herauslösen). Kerne über dem **Feldsalat** verteilen. **Kapern** abgießen und über dem Salat verteilen.

3. Für das Dressing **Balsamico**, **Honig**, **Senf**, **Salz** und **Pfeffer** mit einem Schneebesen verrühren, **Öl** unter schnellem Rühren hinzufügen, bis das Dressing cremig ist.

4. **Ziegenkäse** mit dem **Bacon** umwickeln, nach Belieben mit Zahnstochern befestigen. **Öl** in einer Pfanne erhitzen, Ziegenkäsetaler darin von allen Seiten kurz anbraten.

5. Dressing über den Salat geben und die **Cashewkerne** darüberstreuen. Ziegenkäsetaler auf den Salat legen.

KOKOSCHIPS: „Das Bratfett von den Ziegenkäsetalern schmeckt köstlich im Dressing."

SIMPEL
30 Min. +
20 Min.
Backzeit

▶ VERFASSER: STIERMÄDCHEN, WEB: CK-MAG.DE/18120

Rote-Bete-Carpaccio mit Feldsalat und Ziegenkäse

Pro Portion 285 KCAL

ZUTATEN (4 Portionen)

500 g Rote Beten (vakuumverpackt, vorgegart)

grobes Meersalz

Pfeffer aus der Mühle, Salz

½–1 Tl getrockneter Majoran

2 Knoblauchzehen

4 El Olivenöl

4 El dunkler Aceto Balsamico

1 Tl Kapern

1 kleine Schalotte

1 Tl körniger Dijon-Senf

½ Granatapfel

6 Walnusskerne

200 g Feldsalat

4 Ziegenfrischkäsetaler (à 50 g)

1. **Rote Beten** abtropfen lassen, 2 El Saft für das Dressing auffangen. **Rote Beten** auf ein mit Alufolie belegtes Blech geben, mit etwas **Meersalz**, **Pfeffer** und **Majoran** bestreuen. **Knoblauchzehen** halbieren, dazwischen verteilen. Mit 2 El **Olivenöl** und 2 El **Balsamico** beträufeln. Folie zu einem Päckchen verschließen, im heißen Ofen bei 200 Grad (Umluft 180 Grad) 20 Min. backen.

2. **Kapern** hacken, **Schalotte** fein würfeln. Restlichen **Balsamico** und **Öl** mit **Rote-Bete-Saft**, **Salz**, **Pfeffer** und **Senf** verquirlen. **Kapern** und **Schalotten** unterrühren. **Granatapfelkerne** herauslösen, Saft auffangen und zum Dressing geben. **Walnüsse** grob hacken, beiseitestellen.

3. **Rote Beten** in Scheiben schneiden, auf warmen Tellern anrichten, Flüssigkeit aus der Folie darüberträufeln.

4. **Feldsalat, Ziegenkäse, Granatapfelkerne** und **Walnüsse** darauf verteilen und mit Dressing beträufeln.

VEGGIE

NORMAL
30 Min. +
1 Std. Koch-
zeit + 12 Std.
Einweichzeit

► VERFASSER: PARMIGIANA, WEB: CK-MAG.DE/64119

Bunter Quinoa-Wintersalat ★★★★

Pro Portion | 454 KCAL

ZUTATEN (4 Portionen)

100 g getrocknete Kichererbsen

200 g Quinoa

1 Rote Bete

100 g Winterportulak oder Brunnenkresse

1 reife Avocado

Saft von ½ Zitrone

Salz, Pfeffer

5 El Olivenöl

1. **Kichererbsen** über Nacht in kaltem Wasser einweichen. Abgießen, mit reichlich frischem Wasser in einen Topf geben, aufkochen und 1 Std. garen. Abtropfen lassen.

2. **Quinoa** in einem Sieb kalt abspülen, nach Packungsanweisung garen.

3. **Rote Bete** mit einem Sparschäler schälen (am besten Einmalhandschuhe benutzen, da sie abfärbt), halbieren und in hauchdünne Scheiben hobeln. In einer Schüssel mit **Quinoa** und **Kichererbsen** mischen. **Portulak** putzen.

4. **Avocado** halbieren, Kern entfernen. Fruchtfleisch mit einem Löffel aus der Schale lösen und in Würfel schneiden. **Avocado** und **Portulak** vorsichtig unter die Salatzutaten in der Schüssel mischen. **Zitronensaft**, **Salz**, **Pfeffer** und **Öl** verquirlen und untermischen. Salat mit **Salz** und **Pfeffer** abschmecken.

VEGAN

Tipp

Kichererbsen einweichen: Die Kichererbsen in einem Topf mit der doppelten Menge an Wasser bedecken. Mindestens 12 Std. lang quellen lassen, evtl. Wasser nachgießen. Einweichwasser danach wegschütten, da es Phasin (Giftstoff) enthält. Anschließend gründlich abspülen.

SIMPEL
10 Min.

Chicoréesalat mit Nüssen und Rosinen ★★★★

Pro Portion 344 KCAL

ZUTATEN (2 Portionen)

3 El Joghurt (1,5 % Fett)

1 El fettreduzierte Salatcreme (z. B. „Miracel Whip Balance")

1 Tl Zucker

1 El Essig

Salz, Pfeffer

2 mittelgroße Chicorée

100 g Studentenfutter (Nüsse mit Rosinen)

evtl. etwas glatte Petersilie

1. **Joghurt** mit **Salatcreme**, **Zucker** und **Essig** glatt rühren, mit **Salz** und **Pfeffer** abschmecken.

2. **Chicorée** putzen und quer in feine Streifen schneiden. **Joghurtsauce, Chicorée** und **Studentenfutter** mischen, mit **Salz** und **Pfeffer** abschmecken. Nach Belieben mit gehackter **Petersilie** bestreuen.

VEGGIE

HOPSKEKS: „Gute Idee, ich habe Cranberrys und Cashewkerne genommen."

SIMPEL
35 Min. +
35 Min.
Backzeit

▶ VERFASSER: ALINA1995, WEB: CK-MAG.DE/190121

Kleine Spinat-Gorgonzola-Quiches

Pro Portion 614 KCAL

ZUTATEN (4 Stück)

4 Scheiben TK-Blätterteig

Für den Belag:

1 Zwiebel
200 g Kirschtomaten
1 El Olivenöl
450 g TK-Blattspinat (aufgetaut)
Salz, Pfeffer aus der Mühle
2 Prisen Muskat
100 g Gorgonzola
75 g Schmand
75 ml Schlagsahne
2 Eier (Kl. M)
2 El Pinienkerne

1. **Blätterteig** nach Packungsanweisung antauen, jeweils leicht ausrollen und vier Tartelettförmchen (à 12 cm Ø) damit auslegen. Mehrfach einstechen.

2. **Zwiebel** fein würfeln, **Tomaten** halbieren. **Öl** in einem Topf erhitzen, **Spinat** und **Zwiebel** darin 3-4 Min. dünsten. Mit **Salz**, **Pfeffer** und **Muskat** würzen, in einem Sieb ausdrücken. **Spinat** und **Tomaten** in den Förmchen verteilen.

3. **Gorgonzola** zerbröckeln, mit **Schmand, Sahne** und **Eiern** verquirlen, salzen und pfeffern. In die Förmchen gießen, mit **Pinienkernen** bestreuen. Im heißen Ofen bei 190 Grad (Umluft 170 Grad) ca. 35 Min. goldbraun backen.

VEGGIE

LUCITA: „Hab dafür einfach ein Muffinblech für sechs große Muffins benutzt. Hat super funktioniert."

MARKIDERERSTE: „Ich habe noch halbierte dunkle Trauben ergänzt. Das hat super gepasst."

Salat aus gerösteten Süßkartoffeln und Walnüssen mit frischer Minze ★★★★½

Pro Portion 931 KCAL

ZUTATEN (2 Portionen)

2 große Süßkartoffeln
2 kleine rote Zwiebeln
1 Zweig Rosmarin
100 g Walnüsse
3 El Olivenöl
Salz
½ Radicchio oder Rotkohl
1 Bund Minze
Chilipulver
2 El Apfelessig (oder Zitronensaft)
1 El Walnussöl

1. **Süßkartoffeln** schälen und in Würfel schneiden. **Zwiebeln** vierteln und in feine Streifen schneiden. **Rosmarinnadeln** abzupfen. **Walnüsse** grob hacken.

2. **Olivenöl** mit **Salz**, **Rosmarin**, **Walnüssen**, **Zwiebeln** und **Süßkartoffeln** in einer Auflaufform vermengen und im heißen Backofen bei 200 Grad (Umluft 180 Grad) 25–30 Min. rösten. Herausnehmen und abkühlen lassen.

3. **Radicchio** putzen und fein hobeln. Die **Minzblättchen** abzupfen, nach Belieben fein schneiden. **Chilipulver**, **Apfelessig** und **Walnussöl** zu einem Dressing vermengen und mit **Minze** und **Radicchio** vermischen. Mit dem Süßkartoffelgemüse mischen. Am besten noch lauwarm servieren.

VEGAN

Tipp

Bitter ist im Trend: In Radicchio steckt der Bitterstoff Intybin. So gesund die Bitterstoffe in Radicchio auch sind – nicht jeder mag sie. Wem sie zu intensiv schmecken, schneidet den Strunk und die dicken weißen Blattrippen heraus.

KARTE2014: „Geht auch gut mit fertigem Pizzateig aus dem Kühlregal."

Zwiebelkuchen in der Muffinform ★★★★½

Pro Portion 172 KCAL

ZUTATEN (12 Stück)

Für den Teig

250 g Mehl

1 Pck. Trockenhefe

1 Tl Salz

1 El Öl

Für die Füllung

500 g Zwiebeln

150 g geräucherter Speck

1 Tl getrockneter Thymian

Pfeffer aus der Mühle, Salz

2 Eier (Kl. M)

100 g Schmand

1 Prise Muskat

1 El Öl

1. Für den Teig **Mehl** in eine Schüssel geben, **Hefe** und **Salz** untermischen. 150 ml lauwarmes Wasser und **Öl** zugeben. Mit den Knethaken zu einem glatten Teig verkneten. Wenn er sich vom Schüsselrand löst, abdecken und 30 Min. an einem warmen Ort gehen lassen.

2. Für die Füllung **Zwiebeln** schälen, halbieren, in Ringe schneiden. **Speck** fein würfeln und in der heißen Pfanne bei mittlerer Hitze auslassen. Herausnehmen und beiseitestellen. **Zwiebeln** im Speckfett anbraten. Wenn sie etwas Farbe angenommen haben, **Thymian** und etwas Wasser zugeben. Zugedeckt 10 Min. weich dünsten, **Speckwürfel** unterheben und mit **Pfeffer** würzen. Vom Herd nehmen und abkühlen lassen.

3. **Eier** verquirlen, **Schmand** unterrühren, mit **Muskat**, **Salz** und **Pfeffer** würzen. Mit lauwarmen **Zwiebeln** verrühren. Teig durchkneten und in 12 Portionen teilen. Ausrollen und die gefetteten Muffinförmchen damit auskleiden.

4. Füllung in die Teigförmchen verteilen. Im heißen Ofen bei 200 Grad Ober-/Unterhitze auf der untersten Schiene 12–14 Min. backen. Ofen auf Umluft schalten und noch 4–6 Minuten backen. Frisch aus dem Ofen, lauwarm oder kalt servieren.

Tipp Die niedlichen Zwiebelküchlein knuspert man am besten zum Federweißen.

Suppen

Scharfe Bananensuppe
Cremige Kürbissuppe
Pastinaken-Birnen-Suppe mit Curry
Karotten-Ingwer-Kokos-Suppe
Asiatische Hühnernudelsuppe
Steckrübeneintopf
Vegane Curry-Linsensuppe mit gebackenem Blumenkohl

LOLA2022: „Ich verfeinere das tolle Rezept mit Zitronengras und einer Süßkartoffel."

Scharfe Bananensuppe ★★★★½

Pro Portion 226 KCAL

ZUTATEN (4 Portionen)

2 reife Bananen (siehe Tipp) + evtl. **½** Banane

50 g Haselnuss- oder Erdnusskerne

2 El Zucker

1 El Tomatenmark

250 ml Gemüsebrühe

100 ml Kokosmilch

1 Tl Currypulver

ca. **½ Tl** Chiliflocken

1-2 Msp. Cayennepfeffer

evtl. **2-3 Spritzer** Zitronensaft

Salz

1. **Bananen** mit einer Gabel zerdrücken. **Nüsse** grob hacken. **Zucker** in eine Pfanne streuen, bei mittlerer Hitze karamellisieren. Nacheinander **Nüsse**, **Tomatenmark** und zerdrückte **Bananen** unterrühren.

2. **Gemüsebrühe** dazugießen, 2–3 Min. unter Rühren köcheln lassen. **Kokosmilch**, **Curry**, ca. ¼ Tl **Chiliflocken**, **Cayennepfeffer** und **Zitronensaft** unterrühren und noch ca. 3 Min. weiterköcheln lassen.

3. Suppe mit dem Stabmixer pürieren, dabei so viel Wasser zufügen, dass sie eine sämige Konsistenz bekommt. Mit **Salz** abschmecken.

4. Zum Servieren mit restlichen **Chiliflocken** bestreuen. Suppe nach Belieben mit Bananenscheiben garnieren.

VEGAN

Tipp

Grün steht ihr gut! Für Suppen eignen sich auch grüne Kochbananen, sie sind größer, ihre Schale ist dicker, das Fruchtfleisch fester und sie enthalten mehr Stärke zum Eindicken von Suppen.

NORMAL
20 Min.
+ 30 Min.
Kochzeit

Cremige Kürbissuppe

Pro Portion 348 KCAL

ZUTATEN (4 Portionen)

1 kg Kürbisfleisch (z. B. Hokkaido)
250 g Möhren
500 g Kartoffeln
1 Zwiebel
2 El Butter
1 l Gemüsebrühe
Salz, Pfeffer
100 ml Milch oder Schlagsahne
evtl. **2 El** geröstete Kürbiskerne

1. **Kürbisfleisch** würfeln. **Möhren** und **Kartoffeln** schälen, ebenfalls in Würfel schneiden. **Zwiebel** fein würfeln.

2. **Butter** in einem großen Topf erhitzen, **Zwiebeln** darin 5 Min. glasig dünsten. **Brühe** zufügen, aufkochen lassen. **Kürbis**, **Möhren** und **Kartoffeln** zugeben. Suppe mit **Salz** und **Pfeffer** würzen und bei milder Hitze 20-30 Min. kochen lassen.

3. Suppe mit dem Stabmixer fein pürieren, **Milch** unterrühren, mit **Salz** und **Pfeffer** abschmecken. Nach Belieben mit **Kürbiskernen** anrichten.

VEGGIE

KIXCHEN_0: „Mit Fleischklößchen hat es allen super geschmeckt."

NORMAL
30 Min. +
30 Min.
Kochzeit

► VERFASSER: EMMAMM, WEB: CK-MAG.DE/39120

Pastinaken-Birnen-Suppe mit Curry ★★★★

Pro Portion | 258 KCAL

ZUTATEN (4 Portionen)

500 g Pastinaken

200 g mehligkochende Kartoffeln

70 g Zwiebeln

2 El Rapsöl

1 Tl Currypulver

1 l Gemüsebrühe

300 ml Milch

Salz, Pfeffer aus der Mühle

2 kleine Birnen (siehe Tipp)

1 El Butter

1 rote Chilischote

1 Stiel Basilikum

1. **Pastinaken** und **Kartoffeln** schälen und in Würfel schneiden. **Zwiebeln** fein würfeln.

2. **Rapsöl** in einem Topf erhitzen. **Zwiebeln**, **Pastinaken** und **Currypulver** 5 Min. darin andünsten. Mit **Gemüsebrühe** aufgießen. **Kartoffeln** zugeben und 20–30 Min. köcheln lassen. **Milch** zugeben und alles mit dem Stabmixer pürieren. Mit **Salz** und **Pfeffer** würzen.

3. **Birnen** waschen und halbieren. **Butter** in einer Pfanne zerlassen und die **Birnen** mit der Schnittseite nach unten darin anbraten. Dann den Pfannendeckel auflegen und die **Birnen** bei sehr milder Hitze 5 Min. weiterbraten.

4. **Chilischote** putzen, entkernen und fein hacken. **Basilikumblätter** abzupfen. **Birnen** halbieren. Suppe in vier Schalen füllen. Je 2 Birnenviertel vorsichtig in die Suppe geben und mit **Chili** und **Basilikum** bestreut servieren.

VEGGIE

Tipp Wer mit Dosenbirnen kocht, lässt diese nur kurz in Butter karamellisieren.

EDELGARDVH: „Ich habe noch Koriandergrün und eine große Kartoffel für eine bessere Konsistenz dazugegeben."

Karotten-Ingwer-Kokos-Suppe

★★★★½

Pro Portion 377 KCAL

ZUTATEN (4 Portionen)

2-3 El Olivenöl
8 küchenfertige Garnelen
1 kleine Zwiebel
500 g Möhren
1 El Currypulver
2 Tl Honig
40 ml Weißwein
2 cm frischer Ingwer
100 ml Orangensaft
400 ml Gemüsebrühe
500 ml Kokosmilch
½ Tl Currypaste
Salz, Pfeffer

1. 1 El **Öl** in einer Pfanne erhitzen, **Garnelen** darin 4–5 Min. braten, herausnehmen und beiseitestellen.

2. **Zwiebel** würfeln. **Möhren** putzen und in Scheiben schneiden. Restliche 1–2 El **Öl** in einem Topf erhitzen. **Zwiebeln** darin glasig dünsten. **Möhren** zugeben und 3 Min. bei mittlerer Hitze mitbraten. **Currypulver** und **Honig** hinzufügen. Mit **Weißwein** ablöschen, Flüssigkeit fast ganz einkochen lassen.

3. **Ingwer** reiben und mit **Orangensaft** und **Gemüsebrühe** dazugeben. Suppe 15 Min. köcheln lassen. **Kokosmilch** und **Currypaste** zufügen. Umrühren und kurz aufkochen lassen. Suppe mit dem Stabmixer pürieren und mit **Salz** und **Pfeffer** abschmecken.

4. Suppe mit **Garnelen** anrichten und nach Belieben garnieren (siehe Tipp).

Tipp

Was ist eigentlich Thai-Basilikum? Eine Unterart des normalen Basilikums, die leicht nach Anis schmeckt. Wer es nicht bekommt, ersetzt durch Kräuter seiner Wahl, zum Beispiel durch normales Basilikum oder Koriandergrün.

NORMAL
30 Min.
+ 25 Min.
Garzeit

Asiatische Hühnernudelsuppe

Pro Portion 535 KCAL

ZUTATEN (2 Portionen)

1-2 cm frischer Ingwer
1 Knoblauchzehe
1 rote Chilischote
2 Stangen Zitronengras
4 El Sesamöl
1 l Gemüsebrühe oder Hühnerfond
200 g Hähnchenbrustfilet
100 g chinesische Eiernudeln oder Reisbandnudeln
1 Möhre
1 rote Paprikaschote
1 Stange Lauch
200 g Zuckerschoten
Salz
2 El Sojasauce
1 Handvoll Koriandergrün

1. **Ingwer** schälen und mit dem **Knoblauch** fein würfeln. **Chilischote** entkernen und fein hacken. **Zitronengras** putzen, die Stangen leicht anquetschen.

2. **Öl** in einem Topf erhitzen, **Ingwer** und **Knoblauch** darin goldgelb dünsten. 500 ml **Brühe**, **Chili** und **Zitronengras** zufügen, aufkochen lassen. **Hähnchenfleisch** waschen, zugeben und 20 Min. bei milder Hitze garen. **Nudeln** nach Packungsanweisung zubereiten.

3. **Möhre** schälen und in Stifte schneiden. **Paprika** putzen und in Stücke schneiden. **Lauch** putzen und in Ringe schneiden. **Zuckerschoten** putzen und schräg in Streifen schneiden. **Hähnchenfleisch** aus der Brühe nehmen, beiseitestellen.

4. **Möhren**, **Paprika**, **Zuckerschoten**, **Lauch** und restliche **Brühe** zur Suppe geben, 5 Min. weiterköcheln lassen. Suppe mit **Salz** und **Sojasauce** abschmecken.

5. **Hähnchenfleisch** in mundgerechte Stücke schneiden, in die Suppe geben. **Zitronengras** entfernen. **Nudeln** in Suppenschalen verteilen und die heiße Suppe darauf verteilen. Mit **Koriandergrün** garnieren.

SANDRA-KRÄMER: „Wir haben es auch schon mit Rindfleischbällchen und Pak Choi gemacht, superlecker."

SIMPEL
1 Std.
10 Min.
Garzeit

Steckrübeneintopf ★★★★½

Pro Portion | 630 KCAL

ZUTATEN (4 Portionen)

600 g gepökelter Schweinebauch oder Kasseler
4 Zwiebeln
2 El Butterschmalz
4 Kartoffeln
1 kg Steckrübe
1 Tl getrockneter Majoran
Salz, Pfeffer
2 El gehackte Petersilie

1. **Schweinebauch** in mundgerechte Würfel schneiden, **Zwiebeln** fein würfeln.

2. **Schmalz** in einem Topf erhitzen, **Fleischwürfel** und **Zwiebeln** darin 5 Min. anbraten. 150 ml Wasser angießen und alles 20 Min. zugedeckt dünsten.

3. **Kartoffeln** und **Steckrübe** schälen, jeweils in mundgerechte Stücke schneiden. Zum Fleisch geben, 10 Min. unter Rühren andünsten und dabei nach und nach 700 ml Wasser dazugießen. Mit **Majoran** würzen, zugedeckt 45 Min. köcheln lassen. Eintopf mit **Salz** und **Pfeffer** abschmecken, mit **Petersilie** bestreuen.

AYLINSUNAY: „Habe ein paar Möhren mitgekocht und am Ende ein paar Mal grob gestampft."

URSEL63: „Da ich kein Kokosmilchfan bin, habe ich mehr Brühe genommen und zum Schluss Hafersahne und etwas geröstetes Sesamöl zugegeben – himmlisch.“

▶ VERFASSER: ENERGYBIRD, WEB: CK-MAG.DE/090921

Vegane Curry-Linsensuppe mit gebackenem Blumenkohl ★★★★★

Pro Portion 654 KCAL

ZUTATEN (3 Portionen)

Für die Suppe

2 rote Paprikaschoten
2 Möhren
1 Zwiebel
1 El neutrales Öl
Salz, Pfeffer
3 Tl rote Currypaste
800 ml Gemüsebrühe
400 ml Kokosmilch
180 g rote Linsen

Für das Gemüse

1 Blumenkohl
4 Tl Olivenöl
2 Tl Currypulver

1. Für die Suppe **Gemüse** putzen, waschen und grob schneiden. **Öl** in einem Topf erhitzen, **Gemüse** darin 2–3 Min. anbraten. Mit **Salz** und **Pfeffer** würzen. **Currypaste** dazugeben und weitere 1–2 Min. dünsten. **Brühe**, **Kokosmilch** und **Linsen** einrühren und 25–30 Min. köcheln. Suppe mit dem Stabmixer fein pürieren.

2. Für das Gemüse **Blumenkohl** putzen, waschen, in Röschen teilen und in eine Schüssel geben. Mit **Öl** und **Currypulver** gründlich vermengen.

3. **Blumenkohl** auf ein mit Backpapier belegtes Blech verteilen. Im heißen Ofen bei 220 Grad (Umluft 200 Grad) auf der mittleren Schiene 20–30 Min. goldbraun rösten. Suppe mit Blumenkohlröschen servieren.

VEGAN

Tipp Für ein basisches Mittagessen empfiehlt sich Salat, Rohkost oder ein warmes Gemüsegericht wie diese Suppe. Sojaprodukte, Fleisch oder Eier sind ungünstig. Kokosmilch hingegen ist erlaubt – weil basisch.

Hauptgerichte mit Fleisch

DER_PRIMUS: „Den Auflauf habe ich noch mit gemahlenem Kreuzkümmel und Piment verfeinert."

Hackauflauf mit Schafskäse ★★★★

Pro Portion 749 KCAL

ZUTATEN (4 Portionen)

1 Glas Schafskäsewürfel in Öl **(150 g** Abtropfgewicht)

500 g Champignons

2 Paprikaschoten (gelb und grün)

2 Knoblauchzehen

600 g Hackfleisch vom Rind oder Lamm

300 g Crème fraîche

1 Tl getrockneter Oregano

Salz, schwarzer Pfeffer aus der Mühle

100 g Schafskäse (im Stück)

evtl. gehackte rote Chilischoten und Petersilie

1. **Käsewürfel** in einem Sieb abtropfen lassen, das **Öl** dabei auffangen. **Champignons** putzen und in Scheiben schneiden. **Paprika** putzen und in Streifen schneiden. **Knoblauch** fein hacken.

2. **Hack** in 3 El des aufgefangenen **Öls** krümelig braten. Die Hälfte der **Pilze** zugeben und 2–3 Min. mit anbraten. **Paprika** und **Knoblauch** zugeben, 2–3 Min. weiterbraten. **Crème fraîche** und **Oregano** unterrühren, salzen und pfeffern.

3. Hack-Gemüse-Mischung in einer Auflaufform verteilen, restliche **Pilze** und **Käsewürfel** darübergeben. **Schafskäse** darüberbröseln. Im heißen Ofen bei 180 Grad (Umluft 160 Grad) 15–20 Min. backen. Nach Belieben mit **Chili** und **Petersilie** bestreuen.

Tipp

Schmeckt auch mit Pasta! Für 4 Portionen: 250 g Nudeln kochen, mit der Hack-Gemüse-Masse mischen und in der Auflaufform verteilen. 250 g Joghurt, 3 Eier (Kl. M), 4 El Zitronensaft und 40 g geriebenen Parmesan verquirlen, salzen, pfeffern und über die Hack-Nudel-Mischung gießen. Mit zerbröseltem Schafskäse bestreuen und 20–30 Min. bei 180 Grad backen.

NORMAL
45 Min.

Geflügelbrust im Wirsingblatt mit Maronenpüree ★★★★

Pro Portion | 856 KCAL

ZUTATEN (4 Portionen)

8 Wirsingblätter

Salz, Pfeffer aus der Mühle

4 Hähnchenbrustfilets

4 El neutrales Öl

1 El Butter

400 g Maronen (geschält, gekocht, vakuumverpackt)

4 cl Amaretto

400 ml Milch

400 g gemischte Pilze (z. B. Champignons, Shiitake und Austernpilze)

1 Zwiebel

200 ml Pilzfond

250 ml Schlagsahne

1 EL Schnittlauchröllchen

1. Die dicken Mittelrippen der **Wirsingblätter** etwas flacher schneiden. **Wirsingblätter** in kochendem Salzwasser 2–3 Min. blanchieren, herausheben und in Eiswasser abschrecken. Trocken tupfen und die Mittelrippen eventuell nochmals abflachen.

2. **Fleisch** waschen, trocken tupfen, mit **Salz** und **Pfeffer** würzen. Je 2 **Wirsingblätter** überlappend nebeneinanderlegen und je 1 **Hähnchenbrustfilet** darin einwickeln. Mit Küchengarn zubinden.

3. 2 EL **Öl** in einer ofenfesten Pfanne erhitzen. **Wirsingröllchen** darin rundherum anbraten. Im heißen Ofen bei 160 Grad (Umluft nicht empfehlenswert) 12 Min. garen.

4. **Butter** in einem Topf erhitzen, **Maronen** darin 2–3 Min. andünsten. Mit **Amaretto** ablöschen, mit **Salz** würzen und mit **Milch** auffüllen. Aufkochen, 5 Min. köcheln lassen und mit dem Stabmixer fein pürieren. Püree warm halten.

5. **Pilze** putzen und in grobe Stücke schneiden. **Zwiebel** fein würfeln. Beides in einer Pfanne in 2 EL heißem **Öl** 3–4 Min. anbraten. Mit **Fond** ablöschen, **Sahne** zufügen. Sauce etwas einkochen lassen, **Schnittlauch** untermischen.

6. Wirsingröllchen mit **Maronenpüree** und **Pilzsauce** anrichten.

DELIA55: „Hat alles gut geklappt, und man konnte es gut vorbereiten!"

NORMAL
30 Min.

Entenpfanne mit Papaya

Pro Portion | 404 KCAL

ZUTATEN (4 Portionen)

400 g Chinakohl
2 Papayas (à 400 g)
400 g ausgelöste Entenbrust
4 El Sojasauce
2 Limetten
4 El Öl
60 g Cashewkerne
2 Tl Zucker
Salz, Pfeffer aus der Mühle

1. **Chinakohl** putzen und in ca. 2,5 cm breite Streifen schneiden. **Papayas** schälen, halbieren und die Kerne entfernen. Das Fruchtfleisch würfeln.

2. Von der **Entenbrust** die Haut abschneiden, das Fleisch in ca. ½ cm dünne Scheiben schneiden und mit **Sojasauce** beträufeln. Fleisch zugedeckt ca. 10 Min. marinieren.

3. **Limetten** auspressen. 2 El **Öl** in einer Pfanne erhitzen und die **Cashewkerne** darin bei milder Hitze goldbraun rösten. Aus der Pfanne nehmen.

4. **Zucker** und 4–5 El **Limettensaft** in der Pfanne bei milder Hitze goldbraun schmelzen. **Papayawürfel** zugeben und 2 Min. unter Wenden garen, beiseitestellen. In einer zweiten Pfanne 2 El **Öl** erhitzen, Fleisch darin unter Wenden ca. 2 Min. bei starker Hitze anbraten, herausnehmen. Die Hitze reduzieren und den **Chinakohl** in der Pfanne kurz braten.

5. **Entenbrust** und **Cashewkerne** zugeben, mit **Salz**, **Pfeffer** und 1 Tl **Limettensaft** würzen, weitere 3 Min. braten. Entenpfanne mit **Papayas** servieren. Dazu passen Reis und Blattsalate.

P-PUMPERNICKEL: „Mit Pute auch sehr lecker!"

Tipp Rouladen schmecken am nächsten Tag aufgewärmt besonders gut! Auf Vorrat können Sie sie auch perfekt in der Sauce einfrieren.

PORZELANFRÄULEIN: „Ich habe einen Teil des Gemüses püriert und mit in die Sauce gegeben, dann ist nix verschwendet."

Rinderrouladen ★★★★

Pro Portion 466 KCAL

ZUTATEN (4 Portionen)

4 Gewürzgurken

4 Zwiebeln

150 g Knollensellerie

150 g Möhren

4 Scheiben Rinderrouladen (à ca. 200 g)

Salz, Pfeffer aus der Mühle

4 Tl mittelscharfer Senf

8 dünne Scheiben geräucherter Speck

3 El Öl

1 El Tomatenmark

200 ml trockener Rotwein

5 Stiele Thymian

2 Lorbeerblätter

evtl. **1 Tl** Speisestärke

1. **Gewürzgurken** der Länge nach in schmale Spalten schneiden. 2 **Zwiebeln** halbieren und in Streifen schneiden. **Sellerie**, **Möhren** und restliche 2 **Zwiebeln** schälen und in kleine Würfel schneiden.

2. **Rouladen** jeweils zwischen zwei Lagen Frischhaltefolie legen und mit Pfanne, Stieltopf oder Plattiereisen noch etwas flacher klopfen.

3. **Rouladen** von beiden Seiten **salzen** und **pfeffern**. Mit **Senf** bestreichen, mit **Speck**, **Gurken** und **Zwiebelstreifen** belegen. Fleisch seitlich etwas über die Füllung schlagen und die **Rouladen** fest aufrollen.

4. **Rouladen** mit Rouladennadeln oder Holzspießchen zustecken oder mit Küchengarn zubinden.

5. **Öl** in einem Schmortopf erhitzen. **Rouladen** darin von allen Seiten kräftig dunkelbraun anbraten. Herausnehmen.

6. **Zwiebel**- und **Gemüsewürfel** bei mittlerer Hitze unter Wenden 3–5 Min. anbraten. **Tomatenmark** zufügen, unter Rühren 2–3 Min. kurz mit anbraten.

7. Mit **Wein** ablöschen, 10 Min. einkochen lassen. 500 ml **Wasser** angießen, zum Kochen bringen. **Thymian** und **Lorbeer** zugeben. **Rouladen** in die Sauce legen. Zugedeckt im heißen Ofen bei 180 Grad (Umluft 160 Grad) ca. 1 ½ Std. schmoren, gelegentlich wenden.

8. **Rouladen** herausnehmen und warm stellen. Sauce durch ein Sieb in einen weiteren Topf gießen. Gemüse im Sieb mit einem großen Löffel oder einer kleinen Kelle gut ausdrücken und entfernen.

9. Sauce mit in etwas Wasser angerührter **Stärke** binden. Mit **Salz** und **Pfeffer** abschmecken. Nadeln aus den **Rouladen** entfernen, Rouladen in der Sauce erwärmen. Dazu passt Kartoffelpüree.

NORMAL
1 Std.

Buletten mit Bohnenrahm ★★★★

Pro Portion 844 KCAL

ZUTATEN (2 Portionen)

1 altbackenes Brötchen
300 ml Milch
½ Bund Petersilie
250 g gemischtes Hackfleisch
1 Ei (Kl. M)
Salz, Pfeffer
evtl. **2 El** Semmelbrösel
250 g Schnippelbohnen
1 El Butter
1 Tl Mehl
50 ml Schlagsahne
1-2 Prisen Muskat
1-2 Spritzer Zitronensaft
2 El Öl

1. **Brötchen** in Scheiben schneiden. In eine flache Form legen, mit 150 ml **Milch** begießen und 5 Min. einweichen. **Petersilienblätter** fein schneiden. **Brötchen** ausdrücken und mit **Hack**, **Ei** und der Hälfte der **Petersilie** mischen. Die Masse mit **Salz** und **Pfeffer** würzen. Falls die Masse sehr weich ist, **Semmelbrösel** untermischen. Beiseitestellen.

2. **Bohnen** putzen und schräg in 2 cm breite Stücke schneiden. **Bohnen** in kochendem Salzwasser 4–5 Min. garen, abgießen, abschrecken und abtropfen lassen.

3. **Butter** in einem Topf schmelzen. Mit **Mehl** bestäuben, hellgelb anschwitzen. 150 ml **Milch** und **Sahne** unter Rühren dazugießen, aufkochen und bei milder Hitze 10 Min. kochen. Mit **Salz**, **Pfeffer**, **Muskat** und **Zitronensaft** würzen.

4. Aus der Hackmasse mit feuchten Händen 6 Buletten formen. Öl in der Pfanne erhitzen. Buletten darin bei mittlerer Hitze von jeder Seite 7 Min. braten.

5. **Bohnen** in die Sauce geben und erwärmen. Buletten mit Bohnenrahm anrichten und mit restlicher **Petersilie** bestreuen. Dazu passen neue Kartoffeln.

Tipp

Immer sachte: nach dem Anbraten die Temperatur reduzieren, so bräunen sie ideal.

Tipp

Der Ofen macht's! Größere Mengen Frikadellen für eine Party lassen sich einfacher bewältigen, wenn sie nach dem Anbraten in der Pfanne weiter im Ofen gegart werden. Einfach in den 200 Grad heißen Backofen (keine Umluft) auf der untersten Schiene in 15 Min. fertig garen.

NORMAL
40 Min. +
30 Min.
Garzeit

Omas saftige Kohlrouladen ★★★★

Pro Portion 644 KCAL

ZUTATEN (4 Portionen)

Für die Kohlrouladen

150 ml Milch
1 altbackenes Brötchen
1 Zwiebel
1 Weißkohl oder Wirsing
Salz, Pfeffer
500 g gemischtes Hackfleisch
1 Ei (Kl. M)
1-2 El Senf
1 Tl rosenscharfes Paprikapulver
1 Tl getrockneter Majoran

Außerdem

100 g durchwachsener Speck
500 ml Brühe
200 ml Schlagsahne
evtl. **2-3 Tl** Speisestärke
evtl. **2 El** gehackte Petersilie

1. Für die Kohlrouladen **Milch** mit 150 ml Wasser mischen und das **Brötchen** darin 15 Min. einweichen, zwischendurch wenden. **Zwiebel** fein würfeln. Vom **Kohl** 8 Blätter ablösen und in kochendem Salzwasser 3–5 Min. garen.

2. Kohlblätter aus dem Wasser heben, in einer Schüssel mit eiskaltem Wasser abschrecken. Auf einem Geschirrhandtuch abtropfen lassen.

3. **Hackfleisch**, **Zwiebeln** und **Ei** in eine Schüssel geben. Ausgedrücktes **Brötchen**, 1 Tl **Salz,** ½ Tl **Pfeffer**, **Senf**, **Paprikapulver** und **Majoran** zugeben. Hackfleischteig gründlich mit den Händen durchkneten.

4. **Kohlblätter** auf die Arbeitsfläche legen, dicke Blattrippen evtl. flacher schneiden. Je ⅛ des Hackteigs darauf verteilen. Unteren Rand und die Seiten des Kohlblatts über dem Hack fest einschlagen. Kohlblatt von unten nach oben aufrollen. Roulade mit Küchengarn wie ein Paket zubinden. Restliche Rouladen ebenso zubereiten.

5. Für die Sauce **Speck** fein würfeln und bei starker Hitze in einem Schmortopf oder einer Pfanne mit hohem Rand auslassen, Hitze reduzieren. Kohlrouladen im heißen Speckfett ringsum hellbraun anbraten. **Brühe** angießen. Zugedeckt bei milder Hitze ca. 30 Min. schmoren.

6. Rouladen herausnehmen. **Sahne** in den Kochsud gießen, auf die gewünschte Konsistenz einkochen lassen oder nach Wunsch mit etwas in kaltem Wasser angerührter **Speisestärke** binden. Sauce mit **Salz** und **Pfeffer** abschmecken. Rouladen mit Sauce servieren. Nach Wunsch mit **Petersilie** bestreuen.

SIMPEL
30 Min.

Kartoffel-Lauch-Pfanne mit Schinken ★★★★

Pro Portion 350 KCAL

ZUTATEN (4 Portionen)

800 g festkochende Kartoffeln
2 große Stangen Lauch
1 große rote Paprikaschote
2 El Öl
200 g rohe Schinkenwürfel
Salz, Pfeffer
½ -1 Tl edelsüßes Paprikapulver

1. **Kartoffeln** mit Schale in einem Topf knapp mit Wasser bedecken und bissfest garen. Abgießen und etwas abkühlen lassen. Schälen, halbieren und in Scheiben schneiden.

2. **Lauch** und **Paprika** putzen. **Lauch** in dünne Scheiben, **Paprika** in mundgerechte Stücke schneiden.

3. **Öl** in einer großen Pfanne erhitzen, **Schinken** darin kurz anbraten. **Lauch** und **Paprika** zugeben und unter Wenden ca. 5 Min. anbraten.

4. **Kartoffeln** untermischen, unter Wenden einige Min. mitbraten. Mit **Salz**, **Pfeffer** und **Paprika** würzen. Dazu passt ein grüner Salat.

SANTAFEE65: „Ich schneide die Kartoffeln in Scheiben und brate sie in einer separaten Pfanne an.""

NORMAL
1 Std.

Kürbiscurry mit Hähnchen und Mandeln ★★★★

Pro Portion | 330 KCAL

ZUTATEN (6 Portionen)

1 Kürbis (Hokkaido oder Butternuss, ca. 700 g)

1 Aubergine

2 rote Paprikaschoten

1 Zwiebel

1 Stück Ingwer (ca. 20 g)

2 Knoblauchzehen

1 Zimtstange

5 Gewürznelken

8 Kardamomkapseln (Samen ausgelöst)

1 El braune Senfkörner

½–1 El Korianderkörner

3 El Öl

ca. **1 l** Hühnerbrühe

½ El gemahlener Kreuzkümmel

500 g Hähnchenbrustfilet

4 El Rosinen

50 g gemahlene Mandeln

50 g Mandelstifte

1 El Garam Masala (indische Gewürzmischung)

¼ - ½ Tl Chilipulver

1-2 Tl Honig

1. **Kürbis** entkernen (**Butternuss** schälen). **Aubergine** und **Paprika** putzen. Alles in mundgerechte Stücke schneiden. **Zwiebel**, **Ingwer** und **Knoblauch** fein würfeln.

2. **Zimtstange**, **Gewürznelken**, **Kardamom**, **Senf-** und **Korianderkörner** in einem weiten Topf ohne Fett anrösten, bis sie duften.

3. **Öl** zugeben. **Zwiebeln, Ingwer** und **Knoblauch** unterrühren und ca. 3 Min. andünsten. **Auberginen**, **Paprika** und **Kürbis** untermischen und unter Wenden rundum anbraten.

4. Die Hälfte der **Brühe** dazugießen, **Kreuzkümmel** zufügen. Curry zum Kochen bringen und 10–15 Min. köcheln lassen.

5. **Fleisch** waschen, trocken tupfen und in mundgerechte Stücke schneiden. Mit **Rosinen**, gemahlenen **Mandeln**, **Mandelstiften** und **Garam Masala** zum Curry geben und ca. 10 Min. bei milder Hitze köcheln lassen. Je nach gewünschter Konsistenz mehr Brühe zugeben. Curry mit **Chili**, **Kreuzkümmel** und **Honig** abschmecken. Dazu passt Basmatireis.

KÄTHE: „Beim Aufwärmen am zweiten Tag darf das Curry nicht mehr kochen, sonst zerfällt der Kürbis."

RUSTYAUDREY: „Um etwas Fett zu sparen, hab ich den Käse weggelassen, so gab es eine schöne knusprige Haube aus Rösti."

Kasseler-Wirsing-Auflauf ★★★★½

Pro Portion	704 KCAL

ZUTATEN (4 Portionen)

1 Pck. TK-Rösti (450 g)

1 l Gemüsebrühe

1 kleiner Wirsing

4 Kasselerkoteletts (ohne Knochen)

200 ml Schlagsahne

200 g Schmand

Salz, Pfeffer aus der Mühle

50 g geriebener Emmentaler

50 g geriebener Cheddar

1. **Rösti** antauen lassen. **Brühe** aufkochen. **Wirsing** putzen, grob in Streifen schneiden, in die kochende **Brühe** geben und 2 Min. garen. **Wirsing** abgießen (**Brühe** anderweitig verwenden), abschrecken, gut abtropfen lassen.

2. **Kasseler** in eine Auflaufform (17 × 27 cm) legen. **Wirsing** darüberschichten. Angetaute **Rösti** grob zerbröckeln und auf dem **Wirsing** verteilen. **Sahne** und **Schmand** verrühren, mit **Salz** und **Pfeffer** abschmecken und über die **Rösti** gießen. **Geriebenen Käse** mischen und gleichmäßig darauf verteilen.

3. Auflauf im heißen Ofen bei 180 Grad (Umluft 160 Grad) 25–30 Min. überbacken.

Tipp Als Variante lässt sich auch Kartoffelpüree oder Kloßteig auf das Kasseler schichten!

SIMPEL
35 Min.

Bratwürstchen im Laugenteig

★★★★

Pro Portion 212 KCAL

ZUTATEN (16 Stück)

1 Pck. TK-Laugenbrezeln (8 St.)

evtl. **2 El** neutrales Öl

16 Nürnberger Rostbratwürstchen

1. **Laugenbrezeln** auftauen lassen. Nach Belieben **Öl** erhitzen, **Würstchen** in der Pfanne anbraten und abkühlen lassen.

2. **Würstchen** jeweils mit ½ Brezelteig umwickeln und auf ein mit Backpapier belegtes Blech legen. Auf der mittleren Schiene im heißen Ofen bei 200 Grad (Umluft 180 Grad) 10–15 Min. backen und im Salz aus der Packung der TK-Laugenbrezeln wenden.

ALEXAM79: „Schmeckt auch mit Wiener Würstchen lecker. Hatte ich sogar schon einen Tag vorher zubereitet."

NORMAL
2 Std.

Indisches Butter-Chicken aus dem Ofen ★★★★★

Pro Portion 590 KCAL

ZUTATEN (3 Portionen)

3 cm Ingwer
2 Knoblauchzehen
1 Tl edelsüßes Paprikapulver
1 El Limettensaft
Salz
150 g Vollmilchjoghurt
3 Tl Cayennepfeffer
1 El Garam Masala
500 g Hähnchenbrust
1 Zwiebel
4 El Butter
1 Pck. passierte Tomaten (500 g)
1 Tl Zimt
1 El Honig
150 ml Schlagsahne
evtl. **1 Handvoll** Korianderblätter

1. Hälfte **Ingwer** schälen und fein würfeln. 1 **Knoblauchzehe** fein würfeln. **Ingwer** und **Knoblauch** mit **Paprikapulver**, **Limettensaft**, 1 Tl **Salz**, **Joghurt**, 1 Tl **Cayennepfeffer** und **Garam Masala** in einer Schüssel verrühren.

2. Hähnchenbrust waschen, trocken tupfen, grob würfeln und mit der Marinade mischen. Zugedeckt mindestens 1 Std. (besser über Nacht) kalt stellen.

3. Hähnchenfleisch samt Marinade in einer Auflaufform verteilen und im heißen Ofen bei 200 Grad (Umluft 180 Grad) 25 Min. garen.

4. Inzwischen restlichen **Ingwer** schälen, fein würfeln. Restlichen **Knoblauch** fein würfeln. **Zwiebel** fein würfeln. 2 El **Butter** in einem Topf erhitzen, **Zwiebel** darin glasig dünsten. **Passierte Tomaten, Zimt,** 1 Tl **Salz**, 2 Tl **Cayennepfeff**er, **Ingwer** und **Knoblauch** zugeben und aufkochen. Zugedeckt bei milder Hitze 20 Min. köcheln lassen, dabei gelegentlich umrühren.

5. 2 El **Butter**, **Honig** und **Sahne** unterrühren, Sauce weitere 3 Min. köcheln. Hähnchenfleisch aus der Marinade nehmen, unter die Sauce mischen und 2 Min. erhitzen. Nach Belieben mit **Korianderblättern** bestreuen. Dazu passt Reis oder Naanbrot.

HAPESIO: „Das Hähnchen wird total zart, und die Sauce ist der Hammer."

NORMAL
30 Min. +
1 ½ Std.
Garzeit

▶ VERFASSER: BIGGYLI, WEB: CK-MAG.DE/120519

Lammkeule vom Blech ★★★★

Pro Portion 575 KCAL

ZUTATEN (4 Portionen)

1 Lammkeule (1,5 kg)
½ Bund Thymian
2 Knoblauchknollen
Salz, Pfeffer
2-3 El Cognac
2 große Zwiebeln
2 mittelgroße Tomaten
4 mittelgroße Kartoffeln
1 Zucchini
200 g Spargel
2-3 El Olivenöl
250 ml Rotwein

1. **Lammkeule** 3-mal ein-, aber nicht durchschneiden, jeweils einige **Thymianstiele** in den Einschnitten verteilen. **Knoblauchzehen** auslösen. **Lammkeule** rundherum mit einem spitzen Messer mehrfach einstechen, jeweils 1 **Knoblauchzehe** hineinstecken. Fleisch mit **Salz** und **Pfeffer** würzen und auf ein geöltes Backblech setzen. Mit **Cognac** beträufeln.

2. Gemüse putzen, in grobe Stücke schneiden und mit den restlichen **Knoblauchzehen** um die Keule herumlegen. Salzen, pfeffern und mit **Olivenöl** beträufeln. 100 ml **Rotwein** angießen.

3. Blech in den 220 Grad (Umluft 200 Grad) heißen Ofen schieben. Ofentemperatur auf 175 Grad (Umluft 155 Grad) reduzieren. **Lammkeule** ca. 1 ½ Std. braten, dabei nach und nach mit restlichen 150 ml **Rotwein** übergießen.

Hauptgerichte mit Fisch-/ Meeresfrüchten

Gratinierte Tortellini mit Lachs
Shrimpsküchlein mit Mais
Rotbarschfilet mit Senfmöhren
One-Pot-Pasta mit Shrimps

FEDER73: „Ich vermische Frischkäse und Sahne gleich, dann lassen sich die weiteren Zutaten besser unterheben."

Gratinierte Tortellini mit Lachs

★★★★½

Pro Portion 753 KCAL

ZUTATEN (4 Portionen)

3 große Tomaten
Salz, Pfeffer aus der Mühle
300 g Lachsfilet
300 g TK-Blattspinat (aufgetaut)
150 g Frischkäse
2-3 Spritzer Zitronensaft
500 g Tortellini mit Spinat-Ricotta-Füllung (Kühlregal)
100 ml Schlagsahne
100 g geriebener Käse (z. B. Emmentaler)

1. **Tomaten** in kleine Würfel schneiden, in einer Schüssel kräftig salzen und 5 Min. ziehen lassen.

2. **Lachs** waschen, trocken tupfen und mundgerecht würfeln. **Spinat** grob hacken. **Tomaten** und **Frischkäse** verrühren, **Spinat** und **Lachs** unterheben. Masse kräftig mit **Salz**, P**feffer** und **Zitronensaf**t würzen und 5 Min. ziehen lassen.

3. Ungekochte **Tortellini** in einer gefetteten Auflaufform verteilen. Lachs-Spinat-Masse darübergeben, **Sahne** darübergießen. Gratin mit **Käse** bestreuen und im heißen Ofen bei 200 Grad (Umluft 180 Grad) 20 Min. überbacken.

Tipp

Variante für krüsche Kids: Wenn die lieben Kleinen Fisch oder Spinat verschmähen, ersetzen Sie den Lachs doch mal durch gekochten Schinken und den Spinat durch aufgetaute TK-Erbsen.

NORMAL
30 Min.

Shrimpsküchlein mit Mais ★★★★

Pro Portion 324 KCAL

ZUTATEN (4 Portionen)

1 große Dose Mais (600 g)

200 g Tiefseegarnelen (küchenfertig)

1 Bund Frühlingszwiebeln

1 getrocknete rote Chilischote

½ Bund Koriander

1 Knoblauchzehe

1 Ei (Kl. M)

50 g Mehl

20 g Speisestärke

1 Msp. Backpulver

1 Tl gemahlener Kreuzkümmel

Salz

30 g Butterschmalz

1. **Mais** abtropfen lassen und die Hälfte mit dem Stabmixer pürieren. **Garnelen** waschen, trocken tupfen und hacken. **Frühlingszwiebeln** putzen und hacken. **Chilischote** fein hacken, **Koriander** samt Stielen fein schneiden. Alles mischen.

2. **Knoblauch** dazupressen. **Maiskörner**, **Ei, Mehl**, **Stärke, Backpulver** und **Kreuzkümmel** unterrühren, mit **Salz** abschmecken.

3. **Fett** in einer Pfanne erhitzen, **Maisteig** esslöffelweise hineingeben, von jeder Seite 1–2 Min. zu goldbraunen Küchlein braten. Dazu passen Sour Cream und Salat.

HELELE: „Ich werde es wahrscheinlich mit Flusskrebsfleisch versuchen, denn ich liebe den Geschmack."

JASMINCHEN21: „Schnell zuzubereiten und schmeckt wie im Spitzenrestaurant."

▶ VERFASSER: TREKNEB, WEB: CK-MAG.DE/68119

Rotbarschfilet mit Senfmöhren

★★★★½

Pro Portion | 460 KCAL

ZUTATEN (2 Portionen)

500 g Möhren
20 g Butter
Salz, Pfeffer aus der Mühle
100 ml Gemüsebrühe
½ Bund glatte Petersilie
125 g Crème légère
1 El Senf
350 g Rotbarschfilet

1. **Möhren** schälen und schräg in Scheiben schneiden. **Butter** in einem Topf erhitzen, **Möhren** darin 4–5 Min. andünsten. Mit **Salz** und **Pfeffer** würzen. **Brühe** angießen, **Möhren** zugedeckt ca. 5 Min. garen.

2. **Petersilienblätter** abzupfen, einige zum Garnieren beiseitelegen und den Rest fein schneiden. **Crème légère** mit **Senf** und gehackter **Petersilie** verrühren, mit **Salz** und **Pfeffer** würzen. **Fisch** waschen, trocken tupfen, salzen und pfeffern.

3. Die Hälfte der **Möhren** in eine gefettete Auflaufform geben, die Hälfte der Senfsauce darauf verteilen. **Fischfilets** darauflegen, übrige **Möhren** und restliche Sauce darauf verteilen.

4. Im heißen Ofen bei 200 Grad (Umluft nicht empfehlenswert) auf der 2. Schiene von unten ca. 15 Min. garen. Mit restlicher **Petersilie** garnieren.

Tipp So gut, weil Sie den Auflauf mit fast jeder Fisch- und Gemüsesorte machen können. Das Ergebnis ist immer superlecker.

SCHNUCKI25: „Ich hab noch einen Schluck Weißwein dazugegeben."

One-Pot-Pasta mit Shrimps

Pro Portion 423 KCAL

ZUTATEN (4 Portionen)

500 g Kirschtomaten
1 mittelgroße Zwiebel
1 mittelgroße Zucchini
1–2 kleine getrocknete Chilischoten
300 g kurze Nudeln (z. B. Gnocchi, Penne oder Makkaroni)
1 El körnige Gemüsebrühe
1 Tl Basilikumpesto
2 Knoblauchzehen
200 g TK-Shrimps (geschält)
20 Basilikumblätter
50 g gehobelter Parmesan
50 g Frischkäse
Salz, Pfeffer aus der Mühle

1. **Tomaten** eventuell halbieren. **Zwiebel** fein würfeln, **Zucchini** putzen und klein würfeln. **Chilischoten** zerbröseln.

2. 600 ml Wasser in einen breiten Topf oder eine große Pfanne geben. **Nudeln**, **Gemüsebrühe**, **Zwiebel**, **Zucchini, Tomaten, Pesto** und **Chili** unterrühren. **Knoblauch** dazupressen. Alles zugedeckt zum Kochen bringen. Anschließend bei mittlerer bis starker Hitze offen 5 Min. garen.

3. **Shrimps** unterrühren, **Pasta** 5–10 Min. weitergaren, dabei ab und zu umrühren (je mehr Flüssigkeit verkocht ist, desto öfter). Am Ende der Garzeit die **Nudeln** probieren. Falls sie nicht durch sind, 3–5 El Wasser zufügen und kurz weiterköcheln lassen.

4. **Nudeln** vom Herd ziehen. **Basilikum** grob zerzupfen, mit **Parmesan** und **Frischkäse** unterrühren. **Nudeln** mit **Salz** und **Pfeffer** abschmecken und servieren.

Tipp

Auf die Größe kommt es an! Wenn Sie die Pasta mit anderen Gemüsesorten zubereiten möchten, müssen diese in der angegebenen Zeit gar werden. Gemüse mit längerer Garzeit, wie Möhren, dann feiner schneiden, Gemüse mit kurzer Garzeit, z. B. grüner Spargel oder Pilze, darf etwas grobstückiger bleiben.

Vegetarische Hauptgerichte

NORMAL
25 Min. +
40 Min. Garzeit
+ 30 Min.
Backzeit

Rote Bete gefüllt mit Feta ★★★★½

Pro Portion 320 KCAL

ZUTATEN (4 Portionen)

4 große Rote Beten
200 g saure Sahne
1 Tl getrockneter Majoran
1 Knoblauchzehe
200 g Feta
1 El Sahnemeerrettich
Salz, Pfeffer

1. **Rote Beten** in kochendem Wasser ca. 40 Min. garen.

2. **Saure Sahne** mit **Majoran** in einer Schüssel verrühren. **Knoblauchzehe** dazupressen. **Feta** klein würfeln und zugeben. **Sahnemeerrettich** unterrühren. Füllung mit **Salz** und **Pfeffer** würzen.

3. Gegarte **Beten** mit einer Schaumkelle aus dem Wasser heben, abschrecken und schälen (dabei am besten Einweghandschuhe tragen). **Beten** unten gerade schneiden, damit sie einen guten Stand haben. Dann mit einem Löffel oder Kugelausstecher aushöhlen, das Innere fein würfeln und mit der Füllung verrühren. Nochmals abschmecken.

4. **Rote Beten** mit der Käsemischung füllen und in eine gefettete Auflaufform setzen. Den Rest der Füllung darum herum verteilen. Im heißen Ofen bei 200 Grad (Umluft 180 Grad) ca. 30 Min. überbacken.

VEGGIE

RUSTYAUDREY: „Hatte nur kleine Rote Beten, habe den Käse einfach darübergeschichtet."

NORMAL
45 Min. +
25 Min.
Garzeit

Ofengemüse mit Wintergewürzen

★★★★

Pro Portion 281 KCAL

ZUTATEN (4 Portionen)

Für das Gewürzöl

½ Tl schwarze Pfefferkörner
2 Gewürznelken
½ Tl Fenchelsamen
½ Tl Korianderkörner
1 Handvoll Basilikumblätter
Abrieb von **1** Bio-Orange
1 Tl Salz
½ Tl Rohrohrzucker
5 El Olivenöl

Außerdem

500 g Möhren
150 g Petersilienwurzeln
400 g Rosenkohl
Salz, Pfeffer
½ Rotkohl (ca. 1 kg)
250 g Schalotten
1 El Rapsöl

1. Für das Gewürzöl alle Gewürze im Mörser zerstoßen, **Basilikum** in Streifen schneiden. Mit den restlichen Zutaten verrühren.

2. **Möhren** und **Petersilienwurzeln** schälen, in Stücke schneiden. **Rosenkohl** putzen, am Stielansatz kreuzweise einschneiden.

3. **Möhren, Petersilienwurzeln** und **Rosenkohl** in kochendem Salzwasser 1 Min. garen und abtropfen lassen.

4. **Rotkohl** putzen, in ca. 2 cm große Stücke schneiden. **Schalotten** halbieren. **Öl** in einer großen Pfanne erhitzen.

5. **Rotkohl** und **Schalotten** darin 8 Min. anbraten, salzen und pfeffern. In einer Auflaufform verteilen, übriges Gemüse dazugeben.

6. Gewürzöl auf dem Gemüse verteilen. Im heißen Ofen bei 200 Grad (Umluft 180 Grad) 25 Min. garen.

VEGAN

CK_Print-Kochschule: „Dazu mache ich gern noch ein Blech Ofenkartoffeln, die brauchen 20 Minuten länger als das Gemüse."

SURINA: „Ich habe alles noch mit etwas Zitronensaft abgeschmeckt."

Kohlrabi mit heller Sauce

Pro Portion 178 KCAL

ZUTATEN (4 Portionen)

2 große Kohlrabi (1 kg)
1 Tl gekörnte Gemüsebrühe
Salz, Pfeffer
2 El Butter
2 El Mehl
300 ml Milch
1-3 Prisen Muskat

1. **Kohlrabi** schälen und in 3 cm lange Stifte schneiden. Dabei holzige Stellen entfernen. 2,5 l Wasser in einem Topf aufkochen, **Gemüsebrühe** und 1 Prise **Salz** darin auflösen. **Kohlrabi** darin 7–8 Min. bissfest garen. Abgießen und das Kochwasser dabei auffangen.

2. Für die Mehlschwitze **Butter** in einem Topf schmelzen, **Mehl** hinzugeben und mit dem Schneebesen gründlich verrühren, dabei leicht anschwitzen lassen, aber nicht bräunen. **Milch** und ca. 300 ml Kohlrabikochwasser portionsweise unter Rühren bis zur gewünschten Konsistenz verrühren. Sauce einmal aufkochen lassen, Hitze reduzieren. Kohlrabistifte kurz in der Sauce erwärmen.

3. Alles mit **Salz**, **Pfeffer** und **Muskat** würzen. Dazu passen Salzkartoffeln mit Petersilie.

VEGGIE

Tipp Noch leichter wird das Gericht ohne Mehlschwitze. Mixen Sie stattdessen ein Dressing aus Joghurt und Gewürzen.

NORMAL

50 Min. + 40 Min. Backzeit

BLAUER_INDIANER: „Ich habe nur Champignons bekommen, tat dem Geschmack aber keinen Abbruch."

Tipp

Manche mögen's ohne! Den Rotwein für die Sauce können Sie durch je 100 ml Schwarze-Johannisbeeren-Saft und Gemüsebrühe ersetzen.

Vegetarische Festtagsrolle

Pro Portion | 719 KCAL

ZUTATEN (3-4 Portionen)

Für die Rolle

10 kleine Kräuterseitlinge

1 rote Zwiebel

¼ Wirsing

1 El Olivenöl

Salz, Pfeffer aus der Mühle

½-1 Tl Ras el Hanout

1-2 Handvoll junger Blattspinat

3 Eier (Kl. M)

2 Eigelb (Kl. M)

2 große mehligkochende Kartoffeln (als Pellkartoffeln gegart)

1 El Speisestärke

1 Pck. Blätterteig (270 g, Kühlregal)

200 g Feta

Für die Sauce

4 El brauner Zucker

200 ml Rotwein

100 ml dunkler Aceto balsamico

VEGGIE

1. Für die Rolle **Kräuterseitling**e putzen und in kleine Stücke schneiden. **Rote Zwiebel** fein würfeln. Vom **Wirsing** den harten Strunk herausschneiden. **Wirsing** erst in dicke Spalten, dann quer in feine Streifen schneiden.

2. **Zwiebel** und **Pilze** in einer Pfanne im heißen **Öl** 5 Min. anbraten. **Wirsing** untermischen und 5 Min. weiterbraten. Mit **Salz, Pfeffer** und **Ras el Hanout** würzen. **Blattspinat** unter die Gemüsepfanne mischen, die Herdplatte ausschalten und das Gemüse noch etwas ziehen lassen.

3. In einer großen Schüssel 2 **Eier** und die **Eigelb** kräftig verquirlen. Gemüse aus der Pfanne zugeben. **Kartoffeln** pellen und mit einer Gabel fein zerdrücken. Die Kartoffelmasse zur Gemüse-Ei-Mischung geben. Gemüsemischung mit **Speisestärke** bestreuen, alles gründlich vermengen. Mit **Salz** und **Pfeffer** abschmecken.

4. 1 **Ei** mit 2 El Wasser verquirlen. Teig auf einem Backblech entrollen und dünn mit **Ei** bestreichen. **Feta** in dicke Stifte schneiden. Gemüsemischung auf dem **Blätterteig** verteilen, dabei ringsum 6-7 cm Rand frei lassen. **Feta** als Streifen in die Mitte legen. Kurze Teigseiten über die Füllung schlagen. Teig von einer Längsseite her aufrollen.

5. Teigrolle mit restlichem **Ei** bestreichen. Im heißen Ofen bei 200 Grad (Umluft 180 Grad) 40 Min. goldbraun backen.

6. Für die Sauce **Zucker** in einem Topf goldbraun karamellisieren. Mit **Rotwein** und **Balsamico** ablöschen, kurz aufkochen lassen.

7. Festtagsrolle aus dem Ofen nehmen und 10 Min. ruhen lassen. In dicke Scheiben schneiden und mit der Sauce anrichten. Dazu passt Feldsalat.

Nachspeisen

LADYHAWK1612: „Bin begeistert! Kein Fertigpudding kommt an diesen Geschmack ran!“

Death-by-Chocolate-Pudding

★★★★½

Pro Portion 375 KCAL

ZUTATEN (4 Portionen)

200 ml Schlagsahne
1 Prise Salz
3 El Rohrzucker
30 g Speisestärke
10 g Kakaopulver
100 g Zartbitterschokolade
evtl. Zitronenmelisseblättchen und frische Beeren zum Anrichten

1. **Sahne** und 300 ml Wasser mischen, 400 ml davon in einen mit kaltem Wasser ausgespülten Topf geben. Restliche 100 ml mit **Salz**, **Zucker**, **Speisestärke** und **Kakaopulver** in einer Schüssel mit dem Schneebesen verrühren, bis keine Klümpchen mehr zu sehen sind.

2. Kakaomischung zur Sahnemischung in den Topf geben und unter ständigem Rühren aufkochen. **Puddingmasse** von der Herdplatte nehmen.

3. **Zartbitterschokolade** grob hacken und unter Rühren in der Puddingmasse schmelzen lassen. In kalt ausgespülte Förmchen geben und abkühlen lassen.

4. Pudding nach Belieben stürzen, mit **Zitronenmelisse** und **Beeren** anrichten.

VEGGIE

Tipp

Sortentausch: Statt Zartbitterschokolade können Sie auch Vollmilch-, Nuss- oder Mokkaschokolade verwenden. Da diese Sorten aber süßer sind, sollte es dann 1 El weniger Zucker sein.

SPATZENFAN10: „Bei uns gab es den Salat mit Ahornsirup statt Zucker."

Festlicher Obstsalat ★★★★☆

Pro Portion 461 KCAL

ZUTATEN 4 Portionen)

4 Äpfel

4 Orangen

4 Kiwis

2 Bananen

½ Ananas

1 Tasse Rosinen (in Rum eingelegt)

1 Handvoll Weintrauben

1 Handvoll Walnüsse

evtl**. 4 EL** Granatapfelkerne

1-2 TL Zucker

1 EL Zitronensaft

½ **TL** Zimt

1. Obst putzen, in kleine Würfel schneiden, große **Weintrauben** halbieren. **Walnüsse** hacken. Alles in einer Schüssel mischen, nach Belieben **Granatapfelkerne** zugeben. Abgetropfte **Rosinen** unterheben.

2. Mit **Zucker, Zitronensaft** und gemahlenem **Zimt** mischen. 2–3 Std. im Kühlschrank durchziehen lassen.

VEGAN

Tipp

Fünf Sterne! Ananas-, Kiwi- oder Apfelscheiben bekommen einen festlichen Look: Mit einem Plätzchenausstecher kleine Formen ausstechen.

EASY
20 Min.

► VERFASSER: ASAP, WEB: CK-MAG.DE/301121

Birnenkompott ★★★★½

Pro Portion | 130 KCAL

ZUTATEN (4 Portionen)

500 g Birnen
50 g Zucker
1 Pck. Vanillezucker
1 Zimtstange oder **1 Tl** Zimt
3 Nelken
2 El Zitronensaft

1. **Birnen** schälen, vierteln, Kerngehäuse entfernen und Früchte in kleine Stücke schneiden. 250 ml Wasser mit **Zucker**, **Vanillezucker**, **Zimt** und **Nelken** in einem großen Topf zum Kochen bringen.

2. **Birnen** in den Gewürzsud geben. Alles unter Rühren aufkochen und bei mittlerer Hitze 10 Min. köcheln lassen. **Zitronensaft** hinzugeben, Kompott abkühlen lassen und bis zum Servieren kalt stellen.

VEGAN

KONDIMAUS06: „Die Hälfte des Zuckers war für uns ausreichend."

MIMA53: „Ein feines Dessert! Statt Krokant habe ich auf die Creme Amarettinibrösel gegeben."

► VERFASSER: SCHMACKOFATZ3, WEB: CK-MAG.DE/041021

Apfel-Zimt-Traum ★★★★½

Pro Portion 334 KCAL

ZUTATEN (6 Portionen)

250 g Magerquark

150 g Mascarpone

50 g Zucker

1 Pck. Vanillezucker

125 ml Kochsahne (15 % Fett, z. B. „Cremefine")

350 g Apfelmus

1 Tl Zimt

50 g Walnüsse

2 El gerösteter Haselnusskrokant

1. In einer Schüssel **Quark**, **Mascarpone**, **Zucker** und **Vanillezucker** gut verrühren. **Sahne** steif schlagen und unterheben. **Apfelmus** erwärmen und nach Geschmack mit **Zimt** abschmecken.

2. Warmes **Apfelmus** in Dessertgläser füllen. **Walnüsse** auf dem Kompott verteilen, Creme daraufgeben.

3. Mit **Haselnusskrokant** und **Zimt** garnieren und sofort servieren.

VEGGIE

Tipp

Apfelmus-Quickie: Einmal selbst gemacht, nie wieder gekauft: Einfach 1–2 Äpfel (z. B. Elstar) schälen, fein schneiden und mit 50 ml Apfelsaft bei mittlerer Hitze 10–15 Minuten weich köcheln. Mit einer Gabel zerdrücken.

ANILISIA: „Ich habe frische Mandarinen vom Markt geholt und anstatt der Fruchtschale große Ü-Eier verwendet."

Mandarinen-Mousse in der Fruchtschale ★★★★½

Pro Portion 223 KCAL

ZUTATEN (8 Portionen)

4 Blätter Gelatine
4 große Bio-Mandarinen
evtl. etwas Orangensaft
100 g Zucker
2 El Zitronensaft
150 g Sahnequark
300 ml Schlagsahne
4 El gehackte Pistazien

1. **Gelatine** nach Packungsanweisung einweichen. Inzwischen **Mandarinen** waschen, trocken tupfen, halbieren, den Saft auspressen und das Fruchtfleisch mit einem Löffel vorsichtig aus den Schalen schaben.

2. 150 ml Mandarinensaft (eventuell mit **Orangensaft** auffüllen) mit **Zucker** und **Zitronensaft** in einen Topf geben und bei milder Hitze so lange erwärmen, bis der **Zucker** schmilzt. Ausgedrückte **Gelatine** in einem Schlagkessel mit etwas warmem Mandarinensaft auflösen. Rest warmen Saft dazugeben.

3. Über einem kalten Wasserbad etwas abkühlen lassen, **Quark** dazugeben und mit den Quirlen des Handrührers auf kleinster Stufe verrühren. Masse kalt stellen und zwischendurch umrühren.

4. Mandarinenhälften eiskalt ausspülen. Sobald die Saft-Quark-Masse zu gelieren anfängt, **Sahne** sehr steif schlagen und vorsichtig unterheben. Mousse in einen Spritzbeutel mit großer Tülle füllen, in die Schalen spritzen. Abgedeckt mindestens 2 Stunden kühl stellen. Kurz vor dem Servieren mit **Pistazien** garnieren.

VEGGIE

Tipp **Zitrus-Zeit:** Auch süße Orangen eignen sich hervorragend für dieses erfrischende und herrlich cremige Dessert.

NORMAL
20 Min.

► VERFASSER: JONA13, WEB: CK-MAG.DE/30219

Grießbrei von Großmutter ★★★★★

Pro Portion | 314 KCAL

ZUTATEN (4 Portionen)

800 ml Milch
2 El Zucker
1 Pck. Vanillezucker
1 Prise Salz
80 g Weichweizengrieß
1 Ei (Kl. M)
25 g Butter

1. **Milch** mit **Zucker**, **Vanillezucker** und **Salz** in einem weiten Topf zum Kochen bringen. **Weizengrieß** unter Rühren mit einem Schneebesen einrieseln lassen, nochmals aufkochen.

2. Topf vom Herd nehmen, **Grieß** zugedeckt 5 Min. ziehen lassen. **Ei** trennen. **Eiweiß** mit den Quirlen des Handrührers steif schlagen. **Eigelb** und **Butter** in den Grießbrei geben. So lange rühren, bis die Butter geschmolzen ist.

3. Vorsichtig den Eischnee mit einem Schneebesen unter den fertigen Grießbrei heben. Dazu passt Zimtzucker.

VEGGIE

EASY
30 Min.

► VERFASSER: LAIA, WEB: CK-MAG.DE/50219

Buttermilchwaffeln

Pro Portion | 262 KCAL

ZUTATEN (10 Stück)

125 g weiche Butter
50 g Zucker
2 El Vanillezucker
1 Prise Salz
4 Eier (Kl. M)
250 g Mehl
1 Tl Backpulver
250 ml Buttermilch
1-2 El Puderzucker zum Bestreuen

1. **Butter**, **Zucker**, **Vanillezucke**r, **Salz** und **Eier** mit den Quirlen des Handrührers schaumig rühren. **Mehl** und **Backpulver** vermischen. Abwechselnd mit der **Buttermilch** unter den Teig rühren.

2. Heißes Waffeleisen portionsweise einfetten, Teig darin portionsweise zu Waffeln backen. Noch warm mit **Puderzucker** bestreuen.

VEGGIE

Gebäck

Kaffeekuchen
Herbst-Rosenkuchen
Eierlikör-Nuss-Kirschkuchen
Weihnachts-Punsch-Schoko-Torte
Apfelstrudel aus Südtirol
Marzipanplätzchen
Fruchtige Apfelwolken

NORMAL
15 Min. +
30 Min.
Backzeit

Kaffeekuchen ★★★★½

Pro Portion | 380 KCAL

ZUTATEN (12 Stück)

Für den Teig

170 g weiche Butter
120 g Zucker
3 Eier (Kl. M)
140 g Mehl
30 g Speisestärke
10 g Backpulver
1 El Kakaopulver
50 ml kalter starker Kaffee
40 ml Baileys

Für den Belag

3 El Krokant
5 El Baileys
400 ml Schlagsahne
1 Pck. Sahnefestiger
60 g Puderzucker
20 g Cappuccinopulver

1. Für den Teig **Butter**, **Zucker** und **Eier** mit den Quirlen des Handrührers schaumig schlagen. Restliche Zutaten unterrühren. Teig in einer gefetteten Springform (28 cm Ø) verstreichen und im heißen Ofen bei 180 Grad (Umluft 160 Grad) 30–35 Min. backen (Stäbchenprobe). Kuchen herausnehmen und auf einem Gitter auskühlen lassen.

2. Kleine Erhöhung des Kuchens (Oberfläche) wegschneiden, den Teig zerbröseln und mit **Krokant** mischen. Kuchen mit **Baileys** beträufeln. **Sahne** mit **Sahnefestiger** steif schlagen, **Puderzucker** und **Cappuccinopulver** unterrühren. Sahnecreme auf dem Kuchen verstreichen, mit der Teig-Krokant-Mischung bestreuen.

VEGGIE

SCHINDLERMUNZ: „Hab noch Baileys in die Sahne gerührt und zwei Sahnesteif für das Topping genommen."

NORMAL

30 Min. + 30 Min. Backzeit

ANGELIKA1M: „Als Ausrollmaß habe ich ein Backblech genommen, das hat genau gepasst."

ANNNNUSCHKA: „Wow, Konsistenz des Teiges und Creme perfekt, ich habe aber Erdbeeren genommen."

Herbst-Rosenkuchen ★★★★

VEGGIE

Pro Portion | 449 KCAL

ZUTATEN (12 Stück)

Für den Teig

500 g Mehl

1 Pck. Backpulver

125 ml neutrales Öl

75 g Zucker

125 ml Milch

250 g Quark

1 Prise Salz

Für die Füllung

2 Äpfel (z. B. Elstar oder Boskop)

250 g Quark

1 Ei (Kl. M)

50 g Zucker

evtl. Zimt

1 Glas Preiselbeeren (à 375 g)

50 g gehackte Walnüsse

1. Für die Füllung **Äpfel** putzen, schälen, entkernen und fein würfeln.

2. In einer Schüssel **Quark**, **Ei** und **Zucker** mit dem Schneebesen verrühren. Nach Belieben mit etwas **Zimt** würzen.

3. Für den Teig **Meh**l und **Backpulver** mischen. Übrige Zutaten miteinander verrühren, zu der Mehlmischung geben. Mit den Händen zu einem glatten Teig verkneten.

4. Teig auf einer leicht bemehlten Arbeitsfläche oder einem mit Backpapier belegten Blech zum Rechteck (48 × 30 cm) ausrollen.

5. **Preiselbeeren** gleichmäßig auf den Teig streichen, dabei 2 cm Rand lassen. Quarkcreme, **Äpfel** und gehackte **Walnüsse** gleichmäßig darauf verteilen.

6. Teig von der Längsseite her vorsichtig aufrollen, dabei aufpassen, dass die Füllung nicht herausgedrückt wird.

7. Teigrolle mit einem scharfen Messer in 2–3 cm dicke Scheiben schneiden.

8. Teigstücke mit einem Heber kreisförmig in eine gefettete Springform (26 cm Ø) setzen.

9. Im heißen Ofen bei 180 Grad (Umluft 160 Grad) auf der untersten Schiene 30–40 Min. backen. Herausnehmen, abkühlen lassen und aus der Form lösen.

Tipp **Das geht von der Hand.** Klebt der Quark-Öl-Teig an den Händen, einfach etwas Mehl zugeben. Ist er zu trocken, mit etwas Milch verlängern.

Tipp **Blitzversion:** Die Füllung lässt sich nach Belieben variieren. Wenn es schnell gehen soll, einfach Obst aus dem Glas (z. B. Kirschen oder Pflaumen) und einen fertigen Fruchtquark zum Verstreichen nehmen.

NORMAL
30 Min. +
30 Min.
Backzeit

Eierlikör-Nuss-Kirschkuchen

★★★★½

Pro Portion 601 KCAL

ZUTATEN (16 Stück)

Für den Belag

2 Gläser Sauerkirschen (à 280 g)

Für den Teig

250 g Margarine

250 g Zucker

1 Pck. Vanillezucker

4 Eier (Kl. M)

320 g Mehl

100 g Speisestärke

1 Pck. Backpulver

150 g gemahlene Haselnusskerne

125 ml Eierlikör

100 g Schokostreusel

Für die Streusel

250 g Mehl

100 g Zucker

1 TL Zimt

200 g weiche Butter

1. **Kirschen** in ein Sieb geben und gut abtropfen lassen.

2. Für den Rührteig **Margarine**, **Zucker** und **Vanillezucker** mit den Quirlen des Handrührers 8 Min. cremig rühren. **Eier** nach und nach unterrühren. **Mehl**, **Speisestärke**, **Backpulver** und **Nüsse** vermischen und abwechselnd mit dem **Eierlikör** unterrühren. **Schokostreusel** ebenfalls unterrühren.

3. Teig auf einem gefetteten Blech gleichmäßig verstreichen. Die abgetropften **Kirschen** darauf verteilen.

4. Für die Streusel **Mehl**, **Zucker**, **Zimt** und weiche **Butter** zügig krümelig verkneten. Streusel über den **Kirschen** verteilen.

5. Kuchen im heißen Ofen bei 200 Grad (Umluft 180 Grad) auf der untersten Schiene 30–40 Min. backen. Stäbchenprobe machen. Abkühlen lassen und in Stücke schneiden.

VEGGIE

SCHNECKLE1209: „Die Hälfte des Rezepts passt genau in eine Springform (26 cm Ø). Nächstes Mal nehme ich etwas mehr Eierlikör."

RAIK FRENZEL, FOODSTYLIST: „Statt fertiger Punschglasur können Sie auch weiße Kuvertüre nehmen und sie rot einfärben."

Weihnachts-Punsch-Schoko-Torte ★★★★

VEGGIE

Pro Portion 660 KCAL

ZUTATEN (12 Stück)

Für den Teig

4 Eier (Kl. M)

250 g Zucker

200 g Mehl

½ Pck. Backpulver

100 g gemahlene Mandeln oder Haselnüsse

Für die Füllung

150 g dunkle Schokolade (mind. 40 % Kakaogehalt)

200 g Amarettini

100 g Lebkuchen

125 ml Rum (oder Apfelsaft)

Für die Creme

300 g Butter

300 g Puderzucker

2 El Rum (oder Apfelsaft)

5 El Kakaopulver

2 El Aprikosenkonfitüre

Für die Deko

1 Becher Punschglasur (z. B. von Manner) oder Cake-Melts in Pink (z. B. von Birkmann)

evtl. Kokosraspel, Schokoraspel und Silberperlen zum Verzieren

1. **Eier** trennen. **Eigelb**, **Zucker** und 12 El kaltes Wasser mit den Quirlen des Handrührers 3–4 Min. sehr schaumig aufschlagen.

2. **Eiweiß** steif schlagen und vorsichtig mit einem Teigschaber unter die restliche Teigmischung heben.

3. **Mehl**, **Backpulver** und **Nüsse** in einer Schüssel mischen. Eigelbcreme zugeben und zu einem glatten Teig verrühren.

4. Teig in eine mit Backpapier ausgelegte Spring- (26 cm Ø) und eine gefettete Sternform geben. Teig in der Sternform im Ofen bei 185 Grad (Umluft 165 Grad) 20 Min. backen.

5. Teig in der Springform bei gleicher Temperatur 25–30 Min. backen. Auskühlen lassen, runden Tortenboden waagerecht halbieren.

6. **Punschglasur** nach Packungsanweisung zubereiten. Abgekühlten Stern damit überziehen und antrocknen lassen.

7. Für die Füllung **Schokolade** schmelzen. **Amarettini** und **Lebkuchen** zerbröseln, zugeben und alles mit **Rum** gut mischen.

8. Für die Creme **Butter**, **Puderzucker**, **Rum** und **Kakao** in eine Schüssel geben und mit den Quirlen des Handrührers glatt rühren.

9. Keksfüllung auf dem unteren Tortenboden verstreichen. Darauf ⅓ Kakaocreme geben, glatt streichen, 2. Tortenboden daraufsetzen.

10. Torte rundherum mit restlicher Creme bestreichen. **Konfitüre** mittig auf der Torte verteilen, Sternkuchen daraufsetzen.

11. Torte nach Belieben mit **Kokosraspeln** und **Silberperlen** toppen.

12. Den Tortenrand nach Belieben mit **Schokoraspeln** verzieren.

EASY
1 Std. +
1 Std.
Backzeit

Apfelstrudel aus Südtirol ★★★★½

VEGGIE

Pro Portion 528 KCAL

ZUTATEN (6 Portionen)

100 g Rosinen
100 g Butter
220 g Mehl
1 Ei (Kl. M)
1 Prise Salz
Öl zum Einstreichen
1 kg Äpfel (z. B. Elstar, Boskop)
Abrieb von **1** Bio-Zitrone
2 El Zitronensaft
3 El Pinienkerne,
Mandelstifte oder gehackte Haselnusskerne
70 g Zucker
½ Tl Zimtpulver
2 El Semmelbrösel
1 El Puderzucker

1. **Rosinen** in Wasser einweichen und die **Butter** in einem Topf schmelzen. **Mehl** auf die Arbeitsfläche häufen, in die Mitte eine Mulde drücken. 2 El flüssige **Butter**, **Ei** und **Salz** hineingeben. Zutaten vom Rand her mischen, zu einem elastischen Teig verkneten und dabei 100 ml lauwarmes Wasser einarbeiten. Zur Kugel formen, mit etwas **Öl** bepinseln und an einem warmen Ort unter einer umgedrehten Schüssel 30 Min. ruhen lassen.

2. **Äpfel** schälen, vierteln und entkernen. In dünne Scheiben schneiden und mit **Zitronenabrieb**, **-saft**, **Pinienkernen**, **Zucker** und **Zimt** mischen. **Rosinen** abtropfen lassen und untermischen.

3. Ein großes Geschirrtuch mit **Mehl** bestäuben. Teigkugel darauf flach drücken, dann hauchdünn ausrollen, bis das Muster des Tuchs durchschimmert (Könner gehen mit den Händen unter den Teig und ziehen ihn mit den Handrücken in alle Richtungen vorsichtig auseinander).

4. Teig dünn mit zerlassener **Butter** bestreichen und mit **Bröseln** bestreuen. Apfelmischung darauf verteilen, dabei an den Seiten einen 2–3 cm breiten Rand frei lassen. Eine Längsseite über die Füllung schlagen, Schmalseiten ebenfalls einschlagen. Teig mithilfe des Tuchs aufrollen und auf ein mit Backpapier belegtes Blech gleiten lassen.

5. Mit restlicher **Butter** bestreichen und im heißen Ofen bei 200 Grad (Umluft 180 Grad) 1 Std. backen. Lauwarm abkühlen lassen. Zum Servieren mit **Puderzucker** bestäuben. Dazu passt Schlagsahne.

MUSKETNUSS: „Einziger Fehler war, das Geschirrtuch nicht gründlich genug mit Mehl zu bestäuben, mir ist der Teig kleben geblieben."

NORMAL
1 Std. + 1 Std. Kühlzeit + 8 Min. Backzeit/ Blech

Marzipanplätzchen ★★★★

Pro Portion | 130 KCAL

ZUTATEN (33 Stück)

Für den Teig

100 g weiche Butter oder Margarine

40 g Rohrohrzucker

1 Eigelb (Kl. M)

100 g Honigmarzipan (Bioladen)

200 g Mehl

Für die Glasur

3 Eiweiß (Kl. M)

500 g Puderzucker

je einige Tropfen braune, grüne und rote Lebensmittelfarbe

evtl. Backdekor (z. B. Zuckerperlen und -sterne)

1. Für den Teig **Butter** und **Zucker** mit den Quirlen des Handrührers cremig rühren. **Eigelb** und **Marzipan** in Stückchen unterrühren. **Mehl** unterkneten, Teig in Frischhaltefolie wickeln und 1 Std. kalt stellen.

2. Teig portionsweise zwischen zwei Bögen Backpapier 5 mm dick ausrollen, oberes Backpapier abziehen. Beliebige Formen (z. B. Rehe und Tannenbäume, à 7–8 cm) ausstechen und auf ein mit Backpapier belegtes Backblech legen. Plätzchen im heißen Ofen bei 160 Grad (Umluft 140 Grad) 8–10 Min. backen. Plätzchen mit Backpapier vom Blech auf ein Kuchengitter ziehen und auskühlen lassen.

3. Für die Glasur **Eiweiß** und **Puderzucker** mit dem Schneebesen verrühren, bis eine leicht cremige Konsistenz entsteht. Guss in mehrere Portionen teilen, jeweils mit **Lebensmittelfarbe** einfärben. Glasuren in Einwegspritzbeutel füllen und die Plätzchen damit bespritzen. Nach Belieben zusätzlich mit **Backdekor** verzieren. Trocknen lassen.

VEGGIE

Tipp Die Teigplatte zwischendurch in den Tiefkühler stellen, dann lassen sich auch filigrane Formen präziser ausstechen.

SIMPEL
45 Min.

▶ VERFASSER: SUPERSÜSS, WEB: CK-MAG.DE/061021

Fruchtige Apfelwolken ★★★★½

Pro Portion 235 KCAL

ZUTATEN (8 Stück)

1 Apfel (z. B. Elstar)

1 Tl Zitronensaft

evtl. **1 El** Rosinen

evtl. **1 Tl** Rum

75 g Schmand, saure Sahne oder Crème fraîche

3 El brauner Zucker

1 Pck. Vanillezucker

1 Ei (Kl. M)

½ TL Zimt

2 El gemahlene Haselnüsse

275 g TK-Blätterteig (rechteckig)

evtl. **1 El** Puderzucker

1. **Apfel** schälen, vierteln, entkernen und in kleine Stücke schneiden. Mit **Zitronensaft** beträufeln. Nach Belieben **Rosinen** und **Rum** dazugeben.

2. In einer Schüssel **Schmand, Zucker, Vanillezucker, Ei, Zimt** und **Haselnüsse** verrühren.

3. **Blätterteig** auftauen lassen und in 8 gleich große Stücke schneiden. Gefettete Muffinmulden mit **Blätterteig** auslegen.

4. **Apfelstücke** in die Mulden verteilen und Schmandmasse darübergeben. Überstehende Teigecken locker darüber zusammendrücken. Im heißen Ofen bei 200 Grad 25–30 Min. backen. Nach Belieben mit **Puderzucker** bestäuben und servieren.

VEGGIE

„Die Neuerscheinung in unserer CHEFKOCH-Reihe:“

Brot & Brötchen

120 Seiten, durchgehend farbig bebildert,
Flexcover, 19 x 23 cm,
ISBN: 978-3-96058-453-7
€ 12,99

Wer liebt nicht den Geruch von frischem Brot oder den Genuss eines warmen Brötchens am Morgen? Sparen Sie sich jetzt den Weg zum Bäcker und backen Sie Ihr Lieblingsbrot selbst!

Ob rustikales Mehrkornbrot oder süßes Gebäck: In der neuen Ausgabe unserer CHEFKOCH-Reihe finden Sie die richtige Inspiration und vor allem die passenden Rezepte für jeden Geschmack.

Wir wünschen viel Spaß beim Backen und guten Appetit beim Verspeisen des selbstgemachten Brots und der knusprigen Brötchen am Frühstückstisch!